DÉJOUER LES FAKE NEWS

© 2024 John Mingam
ODYSSEY EDITORIAL
ODYSSEY RANK
5 Rue Fénélon
CS 52084
33075 Bordeaux Cedex
France

Tous droits réservés.
Aucune partie de ce livre ne peut être reproduite sous quelque forme que ce soit sans l'autorisation écrite de l'éditeur ou de l'auteur, sauf dans les cas autorisés par la loi sur le droit d'auteur.
Cette publication est conçue pour fournir des informations précises et faisant autorité sur le sujet traité.
Il est vendu étant entendu que ni l'auteur ni l'éditeur ne sont engagés dans la fourniture de services juridiques, d'investissement.
Bien que l'éditeur et l'auteur aient fait de leur mieux pour préparer ce livre, ils ne font aucune déclaration ou garantie quant à l'exactitude ou à l'exhaustivité du contenu de ce livre et déclinent spécifiquement toute garantie implicite de qualité marchande ou d'adéquation à un usage particulier.
Aucune garantie ne peut être créée ou étendue par des représentants commerciaux ou des documents de vente écrits.
Les conseils et stratégies contenus dans ce document peuvent ne pas convenir à votre situation. Vous devriez consulter un professionnel le cas échéant.

PROLOGUE	5
INTRODUCTION	7
Chapitre 1	10
Comprendre les Fake News	10
Chapitre 2	16
Détecter une Fake News	16
Chapitre 3	22
Décryptage du Contenu	22
Chapitre 4	28
Stratégies de Réponse	28
Chapitre 5	34
Gestion de Crise	34
Chapitre 6	39
Sensibilisation et Formation	39
Chapitre 7	44
Conclusion et Perspectives	44

PROLOGUE

Quel est l'erreur que les individus commettent le plus souvent, celle qui peut aggraver une crise ? Ils agissent avec leur plan média , réactifs plutôt que proactifs. Ils sous-estiment la puissance de l'action. Ils oublient que la vérité, même brutale, est souvent notre meilleure arme.

En tant qu'experts en gestion de crise, nous savons que les crises ne naissent pas du jour au lendemain. Elles se préparent, se nourrissent de failles et de faiblesses. Une rumeur ici, une fausse information là, et avant même que vous ne vous en rendiez compte, votre réputation est en péril. C'est là que la préparation prend tout son sens. C'est dans l'ombre, loin des projecteurs, que se gagne la guerre contre les fake news.

La clé ? Savoir prendre les décisions au bon moment. Une réponse rapide, mais réfléchie. Une transparence totale, mais stratégique. Lorsque la crise frappe, chaque seconde compte, chaque mot pèse. La différence entre une crise maîtrisée et une réputation détruite réside souvent dans ces instants cruciaux. Préparez-vous, soyez prêts à agir, mais ne sacrifiez jamais la vérité. Car dans un monde où l'information circule à la vitesse de la lumière, la vérité reste notre meilleure alliée.

Judy Smith, fondatrice de Smith & Company, a passé sa carrière à naviguer dans ces eaux tumultueuses. Son expertise en gestion de crise et sa compréhension profonde des dynamiques de pouvoir et de communication stratégique sont inestimables.

La vérité n'est pas seulement une valeur morale ; c'est une arme puissante. Utilisée correctement, elle peut dissiper les rumeurs, restaurer la confiance et renforcer la crédibilité. Mais pour qu'elle soit efficace, elle doit être prête à être déployée au bon moment, de la manière la plus stratégique possible.

Ce livre est plus qu'un guide ; c'est un appel à l'action. Armez-vous de connaissances, soyez vigilants et prêts à agir. Ensemble, nous pouvons déjouer les fake news et protéger ce qui compte le plus : la vérité et la confiance. Dans les pages qui suivent, vous apprendrez non seulement à réagir aux crises, mais à les anticiper et à les prévenir.

INTRODUCTION

Dans un monde où la vérité est souvent la première victime, la gestion de l'information devient une arme cruciale. Les fake news ne sont pas simplement des distorsions de faits ; elles représentent des attaques directes contre la réalité, l'intégrité et la confiance. Elles peuvent ébranler des gouvernements, détruire des réputations et semer la confusion à une échelle sans précédent. La désinformation n'est pas un problème moderne, mais sa portée et son impact ont été amplifiés de manière exponentielle par les technologies numériques et les réseaux sociaux. Entrez dans l'univers de Judy Smith, experte en gestion de crise renommée et fondatrice de Smith & Company. Judy a passé sa carrière à naviguer dans les eaux tumultueuses des crises de réputation, armée d'une compréhension inégalée des dynamiques de pouvoir et de l'importance d'une communication stratégique. À travers ce livre, nous plongeons dans les techniques éprouvées et les stratégies avant-gardistes que Judy utilise pour déjouer les fake news et protéger l'e-réputation de ses clients.

La lutte contre les fake news commence par une compréhension profonde de leur nature et de leurs implications. Les fake news ne se contentent pas de déformer les faits ; elles érodent la confiance et sapent les fondements mêmes de la réalité perçue. Les motivations derrière ces informations trompeuses sont multiples : de l'influence politique à la manipulation financière, chaque fake news a un objectif spécifique, et son impact peut être dévastateur.

Pour naviguer avec succès dans ce paysage complexe, il est essentiel de reconnaître rapidement une fake news, d'en comprendre les mécanismes de propagation et d'évaluer précisément les risques qu'elle représente. Cela nécessite une vigilance constante et une préparation proactive. En étant armé des bonnes informations et en ayant des stratégies de réponse en place, nous pouvons minimiser l'impact des fake news avant qu'elles ne causent des dommages irréparables.

Mais la détection et la réponse ne suffisent pas. La vérification rigoureuse des sources et l'analyse critique des contenus visuels sont des compétences indispensables. Les vidéos et images, souvent manipulées, ajoutent une couche de crédibilité aux fake news. Utiliser des techniques avancées pour démystifier ces éléments est crucial pour maintenir l'intégrité de l'information.

Face à une crise de fake news, une réaction rapide et stratégique est cruciale. La préparation d'un plan média, le choix des éléments de langage et l'engagement des influenceurs sont des étapes essentielles pour une communication efficace. Une fois la crise déclenchée, gérer la réponse sur les médias sociaux et maintenir une communication transparente avec la hiérarchie assure une réponse cohérente et efficace.

Enfin, pour prévenir les crises futures, la sensibilisation et la formation sont essentielles. En instaurant une culture de vigilance et d'intégrité, vous pourrez renforcer vos défenses contre la désinformation et maintenir une position de force.

Ce livre se termine par un récapitulatif des compétences acquises et une exploration des tendances futures dans la lutte contre les fake news. Les méthodes de détection et de gestion évoluent, et il est crucial de rester informé des innovations potentielles. L'avenir nous réserve des défis, mais aussi des opportunités pour renforcer nos défenses et promouvoir la vérité.

En suivant les conseils et les stratégies, nous pouvons naviguer dans ce paysage complexe et protéger ce qui compte le plus : la vérité et la confiance. Ce livre est plus qu'un simple guide ; c'est un appel à l'action pour chacun d'entre nous. Armez-vous de connaissances, soyez vigilants, et ensemble, déjouons les fake news et les éléments nuisibles.

CHAPITRE 1

COMPRENDRE LES FAKE NEWS

Les fake news ne sont pas seulement une distorsion des faits ; elles sapent la confiance et érodent l'e-réputation. Judy Smith nous guide à travers les subtilités et les implications de ces informations trompeuses.

1.1 Définition et typologie des fake news

Les fake news, ou fausses nouvelles, sont des informations délibérément fabriquées pour tromper. Elles se manifestent sous différentes formes : canulars, propagande, désinformation financière, et théories du complot. Chaque forme a ses particularités et ses objectifs spécifiques.

Incarnations des fake news

- **Canulars** : Histoires créées pour amuser ou choquer, souvent sans but lucratif direct, mais aux répercussions sérieuses.

- **Propagande** : Utilisée par des entités politiques pour manipuler l'opinion publique et influencer les résultats électoraux.

- **Désinformation financière** : Diffusée pour manipuler les marchés boursiers ou les investissements, entraînant des gains financiers pour les auteurs.

- **Théories du complot** : Narrations complexes et souvent farfelues qui suscitent la méfiance envers des institutions ou des individus.

Motivations des fake news

Les motivations derrière la création et la diffusion des fake news sont variées :

- **Gains financiers** : Attirer des clics sur des sites web pour générer des revenus publicitaires.

- **Influence politique** : Manipuler les opinions publiques et orienter les votes ou les décisions politiques.

- **Vengeance personnelle** : Nuire à la réputation d'un individu ou d'une organisation par ressentiment personnel.

- **Manipulation sociale** : Semer le chaos, la confusion ou la division au sein de la société.

1.2 Impact des fake news sur l'e-réputation

Les conséquences des fake news peuvent être dévastatrices pour les individus et les organisations. Leur impact peut être immédiat et durable.

Conséquences pour les individus

- **Atteinte à la réputation** : Une seule fausse information peut ruiner la réputation d'une personne, affectant ses relations professionnelles et personnelles. Les célébrités et les politiciens sont souvent les cibles principales de telles attaques, mais toute personne peut en être victime.

- **Stress psychologique** : Être la cible de fake news peut entraîner un stress intense, de l'anxiété et même des dépressions. La diffamation publique peut provoquer une isolation sociale et une perte de confiance en soi.

Conséquences pour les organisations

- **Perte de confiance** : Une organisation victime de fake news peut voir sa crédibilité et sa confiance auprès du public diminuer de manière significative.

- **Impact financier** : Les organisations peuvent subir des pertes financières considérables. Une rumeur sur une fusion d'entreprises peut faire chuter les actions et entraîner des pertes pour les investisseurs.

- **Crises de gestion** : La propagation de fake news oblige les entreprises à mobiliser des ressources importantes pour contrecarrer les effets négatifs. Cela inclut des campagnes de communication pour rétablir la vérité et des actions juridiques contre les diffuseurs de fake news.

Cas emblématiques

- **L'entreprise XYZ** : Une rumeur concernant la contamination de leurs produits a entraîné une chute de 20 % de leurs actions en une semaine. Malgré des démentis, la confiance des consommateurs a été sévèrement affectée.

- **Le politicien ABC** : Accusé à tort de malversations, sa carrière a été ruinée par une fake news virale. Même après que son innocence ait été prouvée, il n'a jamais retrouvé sa crédibilité publique.

1.3 Importance de la gestion proactive

Pour anticiper et prévenir les crises de réputation liées aux fake news, une gestion proactive est essentielle. Voici quelques stratégies clés.

Surveillance continue

1. **Monitoring des médias sociaux** : Utiliser des outils de surveillance pour détecter rapidement les fake news. Des plateformes comme Mention ou Brandwatch

peuvent suivre les mentions et les discussions en temps réel.

2. **Analyse de sentiment** : Identifier les tendances négatives avant qu'elles ne se propagent massivement. L'analyse de sentiment permet de comprendre l'humeur générale du public et de détecter les changements rapides.

Préparation et planification

1. **Plans de gestion de crise** : Élaborer des plans détaillés pour répondre à divers scénarios de fake news. Ces plans doivent inclure des stratégies de communication, des contacts clés et des actions spécifiques à entreprendre.

2. **Simulations de crise** : Organiser des exercices réguliers pour s'assurer que les équipes sont prêtes à réagir efficacement. Ces simulations aident à identifier les faiblesses et à améliorer les protocoles de réponse.

Réponse rapide et efficace

1. **Réactivité immédiate** : Répondre rapidement aux fake news pour empêcher leur propagation. Il est crucial d'apporter des preuves tangibles pour réfuter la fausse information dès qu'elle apparaît.

2. **Transparence totale** : Communiquer ouvertement avec le public pour regagner la confiance. Admettre

les erreurs s'il y en a, et s'engager à les corriger montre une volonté de transparence et renforce la crédibilité.

Utilisation des influenceurs

1. **Engager des influenceurs crédibles** : Utiliser des voix respectées pour contrer les fake news et diffuser des informations vérifiées. Les influenceurs peuvent atteindre un large public et sont souvent perçus comme des sources fiables.

2. **Partenariats stratégiques** : Collaborer avec des plateformes de fact-checking et des médias reconnus pour renforcer la crédibilité de l'information. Ces partenariats aident à diffuser des corrections et des clarifications rapidement.

En suivant ces stratégies, il est possible de minimiser les dommages causés par les fake news et de protéger efficacement l'e-réputation des individus et des organisations.

CHAPITRE 2

DÉTECTER UNE FAKE NEWS

La capacité à identifier rapidement une fake news est une compétence essentielle. Ce chapitre explore les tactiques avancées recommandées par Judy Smith pour une détection efficace et précoce.

2.1 Techniques pour reconnaître une fake news

Les fake news peuvent être difficiles à distinguer de l'information légitime, surtout lorsqu'elles sont bien conçues. Cependant, certaines techniques peuvent aider à les identifier rapidement et efficacement.

Vérification des sources

1. **Examinez l'URL** : Les sites de fake news utilisent souvent des URL qui imitent celles de sources d'information crédibles. Vérifiez que l'URL correspond bien au site officiel de l'organisation.

2. **Recherchez l'auteur** : Consultez le profil de l'auteur pour vérifier sa crédibilité et son historique de publication. Un auteur légitime aura généralement un historique vérifiable de travaux publiés.

Analyse du contenu

1. **Repérez les titres sensationnalistes** : Les fake news utilisent souvent des titres accrocheurs et sensationnalistes pour attirer les clics. Si le titre semble exagéré ou trop incroyable, il y a des chances qu'il s'agisse d'une fake news.

2. **Vérifiez les dates** : Parfois, les fake news recyclent des histoires anciennes comme si elles étaient nouvelles. Assurez-vous que l'article est d'actualité.

3. **Examinez les preuves** : Une nouvelle légitime inclura des preuves et des sources vérifiables. Les fake news sont souvent vagues sur les détails et manquent de sources fiables.

Utilisation des outils de fact-checking

1. **Sites de fact-checking** : Utilisez des plateformes comme Snopes, FactCheck.org, ou PolitiFact pour vérifier l'authenticité des informations.

2. **Extensions de navigateur** : Des extensions comme NewsGuard et Hoaxy peuvent vous aider à évaluer la crédibilité des sites web et des articles que vous consultez.

Analyse des images et vidéos

1. **Recherchez les métadonnées** : Utilisez des outils comme InVID et FotoForensics pour examiner les métadonnées des images et vidéos. Cela peut révéler si une image a été modifiée ou d'où elle provient réellement.

2. **Effectuez une recherche inversée d'image** : Utilisez Google Images ou TinEye pour voir où une image a été publiée précédemment. Cela peut aider à identifier si l'image a été sortie de son contexte.

2.2 Processus de propagation d'une fake news

Comprendre comment les fake news se propagent est essentiel pour les détecter et les arrêter.

Les étapes de la propagation

1. **Création** : La fake news est créée avec un objectif précis, souvent pour manipuler l'opinion ou générer du profit.

2. **Diffusion initiale** : Elle est d'abord partagée sur des plateformes à faible réglementation, comme des forums ou des blogs obscurs, puis reprise par des utilisateurs influents ou des bots.

3. **Amplification sur les réseaux sociaux** : Les réseaux sociaux jouent un rôle clé dans la propagation. Les

algorithmes favorisent le contenu engageant, souvent au détriment de la véracité.

4. **Reprises par les médias** : Parfois, même des médias traditionnels peuvent relayer des fake news par manque de vérification, augmentant leur crédibilité apparente.

Facteurs facilitant la propagation

1. **Confirmation biaisée** : Les gens sont enclins à croire des informations qui confirment leurs croyances préexistantes, ce qui accélère la diffusion des fake news.

2. **Absence de vérification** : La vitesse à laquelle les nouvelles se propagent laisse peu de temps pour la vérification des faits, ce qui permet aux fake news de se répandre rapidement.

3. **Utilisation des bots** : Les bots peuvent massivement partager une fake news, créant l'illusion d'un soutien populaire et augmentant la visibilité de l'information.

2.3 Évaluation de la nuisance et des risques

Mesurer l'impact potentiel d'une fake news est crucial pour définir la réponse appropriée.

Critères d'évaluation

1. **Portée et viralité** : Analysez combien de fois la fake news a été partagée, aimée ou commentée. Une haute viralité signifie un plus grand potentiel de dommage.

2. **Crédibilité perçue** : Si la fake news est relayée par des sources généralement perçues comme crédibles, son impact sera plus grand.

3. **Cible et contenu** : Identifiez la cible de la fake news et la gravité des allégations. Des accusations graves peuvent causer des dommages irréparables.

Outils d'évaluation

1. **Analyse des réseaux sociaux** : Utilisez des outils comme Hootsuite Analytics ou Brandwatch pour mesurer l'ampleur de la propagation sur les réseaux sociaux.

2. **Surveillance des médias** : Des services comme Meltwater ou Cision peuvent vous aider à surveiller la couverture médiatique et à évaluer l'impact potentiel.

Détecter et évaluer les fake news nécessite une combinaison de vigilance, d'outils technologiques et de compétences analytiques. En suivant les méthodes décrites dans ce chapitre, vous pouvez non seulement identifier les fake news rapidement mais aussi mesurer leur impact et préparer une réponse appropriée. La gestion proactive des fake news est une compétence essentielle dans le monde hyperconnecté d'aujourd'hui, et avec les bonnes stratégies, il est possible de minimiser leur impact et de protéger l'e-réputation des individus et des organisations.

CHAPITRE 3
DÉCRYPTAGE DU CONTENU

Pour contrer efficacement les fake news, il est crucial de vérifier rigoureusement les sources et les médias visuels. Judy Smith partage ses stratégies pour démystifier la désinformation.

3.1 Vérification des sources et des identités

La vérification des sources est essentielle pour authentifier une information et garantir sa fiabilité.

Méthodes pour authentifier les informations

1. **Évaluation de la crédibilité de la source** : Vérifiez l'historique de la source d'information. Un site ou un auteur avec un passé de diffusion de fausses nouvelles est moins fiable. Utilisez des bases de données comme Media Bias/Fact Check pour évaluer la crédibilité des sources.

2. **Croisement des informations** : Comparez les informations avec celles publiées par d'autres sources réputées. Si une nouvelle importante n'est couverte

que par une seule source, cela peut être un signe de fake news.

3. **Consultation des experts** : Faites appel à des experts dans le domaine concerné pour vérifier les faits. Les avis d'experts ajoutent une couche de crédibilité et permettent de détecter les incohérences.

4. **Utilisation des outils de vérification** : Des outils comme WHOIS pour vérifier les domaines web et des plateformes de fact-checking peuvent aider à identifier les sources et leur légitimité.

Vérification des identités

1. **Recherche d'antécédents** : Recherchez l'historique en ligne de l'auteur ou de la personne citée. Des plateformes comme LinkedIn ou Google Scholar peuvent fournir des informations sur leurs antécédents professionnels et académiques.

2. **Analyse des profils sociaux** : Examinez les profils sur les réseaux sociaux pour voir si les informations présentées sont cohérentes et légitimes. Les profils fake ou les bots peuvent souvent être identifiés par des incohérences ou des activités suspectes.

3. **Demande de confirmation directe** : Contactez directement l'individu ou l'organisation pour vérifier l'exactitude des informations. Une réponse ou une clarification directe peut dissiper les doutes.

3.2 Analyse des vidéos et images

Les fake news utilisent souvent des médias visuels pour renforcer leur crédibilité. Des techniques avancées sont nécessaires pour vérifier la véracité des vidéos et images.

Techniques d'analyse des images

1. **Recherche d'image inversée** : Utilisez des outils comme Google Images ou TinEye pour vérifier où une image a été publiée précédemment et si elle a été utilisée hors contexte.

2. **Examen des métadonnées** : Utilisez des outils comme ExifTool pour examiner les métadonnées des images. Cela peut révéler des détails sur la date, l'emplacement et l'appareil utilisé pour prendre la photo.

3. **Détection de manipulations** : Analysez les images pour détecter des signes de manipulation. Des outils comme FotoForensics peuvent aider à identifier des anomalies dans les pixels ou des altérations.

Techniques d'analyse des vidéos

1. **Vérification des séquences** : Utilisez des outils comme InVID pour diviser les vidéos en images fixes et effectuer des recherches inversées pour chaque image. Cela peut révéler si la vidéo a été modifiée ou sortie de son contexte.

2. **Analyse des métadonnées vidéo** : Examinez les métadonnées des vidéos pour vérifier leur authenticité. Les métadonnées peuvent fournir des informations cruciales sur l'origine et l'intégrité de la vidéo.

3. **Comparaison avec des sources fiables** : Comparez la vidéo avec des séquences provenant de sources fiables pour vérifier sa cohérence. Des différences significatives peuvent indiquer des manipulations.

3.3 Utilisation du fact-checking

Le fact-checking est une pratique journalistique essentielle pour démêler la vérité des mensonges. Voici comment l'utiliser efficacement.

Pratiques de fact-checking

1. **Recherche approfondie** : Commencez par une recherche approfondie des faits. Utilisez des bases de données fiables, des archives et des sources primaires pour vérifier les informations.

2. **Consultation de multiples sources** : Vérifiez les faits en consultant plusieurs sources indépendantes. La convergence des informations de diverses sources augmente la crédibilité des faits.

3. **Documentation des preuves** : Conservez des traces documentaires des preuves et des sources utilisées

pour le fact-checking. Cela permet de répondre aux critiques et de démontrer la rigueur du processus.

Outils de fact-checking

1. **Sites de fact-checking** : Utilisez des plateformes comme FactCheck.org, PolitiFact, et Snopes pour vérifier les faits. Ces sites offrent des analyses détaillées et vérifiées des informations.

2. **Extensions de navigateur** : Installez des extensions comme NewsGuard et Hoaxy qui aident à évaluer la crédibilité des sites web et des articles en ligne.

3. **Outils de vérification des faits en temps réel** : Utilisez des outils comme Google Fact Check Explorer pour vérifier les faits en temps réel pendant la lecture d'articles ou de publications.

Études de cas en fact-checking

1. **Exemple 1 : Fake news sur les vaccins** : Une fake news prétendait que les vaccins causent des maladies graves. En utilisant des études scientifiques et des sources médicales, les fact-checkers ont réfuté ces affirmations et fourni des preuves de l'innocuité des vaccins.

2. **Exemple 2 : Manipulation politique** : Une fausse nouvelle diffusée pendant une campagne électorale accusait un candidat de fraude. Le fact-checking a

révélé que les documents présentés comme preuves avaient été falsifiés.

Pour contrer efficacement les fake news, il est crucial de vérifier rigoureusement les sources et les médias visuels. En utilisant des méthodes avancées de vérification des sources et des identités, ainsi que des techniques sophistiquées pour analyser les images et les vidéos, vous pouvez démystifier la désinformation. Le fact-checking, en tant que pratique journalistique, joue un rôle essentiel dans la lutte contre les fake news. En adoptant ces stratégies, vous serez mieux équipé pour naviguer dans le paysage complexe de l'information et protéger l'e-réputation des individus et des organisations contre les attaques de désinformation.

CHAPITRE 4
STRATÉGIES DE RÉPONSE

Face à une crise de fake news, la réaction rapide et stratégique est cruciale. Judy Smith détaille les étapes pour préparer et déployer une réponse efficace.

4.1 Préparation d'un plan média

Un plan média bien élaboré est essentiel pour une communication proactive. Voici comment structurer un plan média efficace pour anticiper les crises de fake news.

Élaboration de stratégies de communication proactive

1. **Identification des risques** : Évaluez les vulnérabilités potentielles de votre organisation ou de votre client. Identifiez les sujets sensibles qui pourraient être ciblés par les fake news.

2. **Établissement de protocoles de réponse** : Développez des protocoles clairs pour répondre aux fake news. Incluez des étapes spécifiques à suivre dès l'apparition d'une fausse nouvelle.

3. **Création d'un comité de crise** : Formez une équipe dédiée à la gestion des crises de fake news. Cette équipe doit comprendre des experts en communication, en relations publiques et en médias sociaux.

4. **Développement de messages clés** : Préparez des messages clés à utiliser en cas de crise. Ces messages doivent être clairs, concis et cohérents avec les valeurs de l'organisation.

Mise en place de canaux de communication

1. **Portes-paroles désignés** : Désignez des porte-paroles officiels pour s'exprimer au nom de l'organisation. Assurez-vous qu'ils sont formés à gérer les médias et à répondre aux questions difficiles.

2. **Canaux de communication directs** : Établissez des canaux de communication directs avec le public, comme les réseaux sociaux, les newsletters et les communiqués de presse. Ces canaux permettent une diffusion rapide de l'information vérifiée.

3. **Relations avec les médias** : Maintenez des relations solides avec des journalistes et des médias crédibles. En cas de crise, ces relations peuvent aider à diffuser rapidement des corrections et des clarifications.

Simulations et exercices pratiques

1. **Exercices de simulation de crise** : Organisez régulièrement des exercices de simulation de crise pour tester la réactivité et l'efficacité de votre plan média. Identifiez les points faibles et apportez les ajustements nécessaires.

2. **Formations continues** : Offrez des formations continues à votre équipe de crise pour les tenir informés des dernières tendances et techniques de gestion des fake news.

4.2 Choix des éléments de langage

La sélection des messages clés est fondamentale pour une communication efficace en période de crise. Ces éléments de langage doivent être cohérents, clairs et convaincants.

Développement de messages cohérents

1. **Clarté et simplicité** : Les messages doivent être clairs et faciles à comprendre. Évitez le jargon et les termes techniques complexes qui peuvent confondre le public.

2. **Cohérence** : Assurez-vous que tous les porte-paroles utilisent les mêmes messages clés. La cohérence dans la communication renforce la crédibilité et réduit la confusion.

3. **Transparence** : Soyez transparent sur les faits et les actions que vous prenez pour résoudre la crise. La transparence aide à regagner la confiance du public.

Ajustement des messages selon le public cible

1. **Connaissance du public** : Adaptez vos messages en fonction de votre audience. Ce qui fonctionne pour le grand public peut ne pas être efficace pour les parties prenantes internes ou les investisseurs.

2. **Multilinguisme** : Si votre organisation est internationale, assurez-vous que les messages sont traduits et adaptés culturellement pour chaque marché.

Utilisation des influenceurs et des ambassadeurs de marque

1. **Engagement des influenceurs** : Collaborez avec des influenceurs crédibles pour diffuser vos messages. Les influenceurs peuvent amplifier votre message et atteindre des audiences que vous ne pouvez pas toucher directement.

2. **Ambassadeurs de marque internes** : Formez des employés et des partenaires à devenir des ambassadeurs de votre marque. Leur soutien et leur diffusion des messages peuvent renforcer votre position.

4.3 Engager des influenceurs

Les influenceurs jouent un rôle crucial dans la gestion de crise. Leur crédibilité et leur portée peuvent aider à rétablir la vérité et à renforcer le message de l'organisation.

Sélection des influenceurs appropriés

1. **Crédibilité et alignement des valeurs** : Choisissez des influenceurs qui partagent les valeurs de votre organisation et qui sont perçus comme crédibles par leur audience.

2. **Portée et engagement** : Évaluez la portée et le niveau d'engagement de l'audience des influenceurs. Un influenceur avec une audience engagée aura un impact plus significatif.

Collaboration et coordination

1. **Briefing clair et précis** : Fournissez aux influenceurs des informations claires et précises sur la situation et les messages clés que vous souhaitez qu'ils diffusent.

2. **Coordination des messages** : Assurez-vous que les messages diffusés par les influenceurs sont cohérents avec ceux de l'organisation. La cohérence est cruciale pour éviter la confusion.

Mesure de l'impact

1. **Suivi et analyse** : Utilisez des outils d'analyse pour suivre l'impact des messages des influenceurs. Mesurez l'engagement, les partages et les commentaires pour évaluer l'efficacité de la campagne.

2. **Retour d'information** : Recueillez les retours des influenceurs et de leur audience pour ajuster les messages et les stratégies si nécessaire.

Une réaction rapide et stratégique face à une crise de fake news est cruciale pour protéger l'e-réputation et maintenir la confiance du public. La préparation d'un plan média, le choix des éléments de langage appropriés et l'engagement des influenceurs sont des étapes essentielles pour une communication efficace. En suivant ces stratégies, les organisations peuvent non seulement répondre efficacement aux crises de fake news, mais aussi renforcer leur crédibilité et leur relation avec le public. La gestion proactive et la préparation sont les clés pour naviguer avec succès dans le paysage complexe de la désinformation et protéger ce qui compte le plus : la vérité et la confiance.

CHAPITRE 5
GESTION DE CRISE

Une fois la crise déclenchée, il est essentiel de gérer la réaction sur les médias sociaux et au sein de l'organisation. Judy Smith partage ses conseils pour naviguer à travers les eaux tumultueuses d'une crise de fake news.

5.1 Réponse sur les médias sociaux

Les médias sociaux sont souvent le théâtre principal des fake news. Une gestion proactive des commentaires et un rétablissement rapide de la vérité sont essentiels pour limiter les dégâts.

Stratégies de réponse immédiate

1. **Détection rapide** : Utilisez des outils de surveillance des médias sociaux comme Hootsuite, Brandwatch ou Mention pour détecter rapidement les fake news et les mentions de votre organisation.

2. **Réponse rapide et factuelle** : Dès qu'une fake news est identifiée, répondez rapidement avec des faits vérifiés. Publiez des déclarations claires sur vos comptes officiels pour réfuter la fausse information.

3. **Utilisation de preuves visuelles** : Appuyez vos déclarations avec des preuves visuelles comme des infographies, des vidéos ou des documents officiels pour renforcer la crédibilité de votre réponse.

Engagement avec le public

1. **Interactions directes** : Répondez directement aux commentaires et questions des utilisateurs pour clarifier la situation. Un engagement transparent et ouvert aide à regagner la confiance.

2. **Gestion des trolls** : Ignorez les trolls et les provocateurs. Concentrez-vous sur les interactions constructives avec les utilisateurs légitimes.

3. **Amplification des messages positifs** : Encouragez vos employés, partenaires et supporters à partager des messages positifs et vérifiés pour contrer les fake news.

Collaboration avec les plateformes sociales

1. **Signalement des fake news** : Utilisez les outils de signalement des plateformes sociales pour notifier les fausses informations et demander leur suppression.

2. **Partenariats stratégiques** : Établissez des partenariats avec les plateformes sociales pour une réponse plus rapide et efficace aux fake news. Certaines plateformes offrent des programmes spécifiques pour aider les organisations à gérer la désinformation.

5.2 Communication avec la hiérarchie

La transparence et l'alignement avec la direction sont cruciaux pendant une crise. Une communication claire et cohérente au sein de l'organisation assure une réponse unifiée et efficace.

Coordination interne

1. **Briefings réguliers** : Tenez des briefings réguliers avec l'équipe de gestion de crise et la direction pour partager les mises à jour et ajuster les stratégies en temps réel.

2. **Canaux de communication dédiés** : Utilisez des canaux de communication dédiés et sécurisés, comme des groupes de messagerie privés ou des plateformes de collaboration, pour coordonner les actions et les réponses.

3. **Documentation des décisions** : Documentez toutes les décisions et les actions prises pendant la crise. Cela permet de garder une trace des événements et d'évaluer l'efficacité des stratégies post-crise.

Transparence avec les employés

1. **Mises à jour régulières** : Informez régulièrement les employés de l'évolution de la situation et des mesures prises. Une bonne communication interne maintient la morale et l'engagement des équipes.

2. **Guidelines de communication** : Fournissez des directives claires aux employés sur la manière de communiquer sur la crise. Cela inclut ce qu'ils peuvent dire publiquement et comment répondre aux questions des clients ou partenaires.

3. **Support aux employés** : Offrez du soutien aux employés, notamment par le biais de sessions d'information, de conseils et d'assistance pour répondre aux questions et préoccupations liées à la crise.

5.3 Retour à la normale

Stratégies pour restaurer la confiance et l'image de marque après une crise de fake news.

Évaluation post-crise

1. **Analyse de l'impact** : Évaluez l'impact de la crise sur la réputation et les finances de l'organisation. Utilisez des outils d'analyse pour mesurer les changements dans l'opinion publique et la perception de la marque.

2. **Leçons apprises** : Identifiez les leçons tirées de la gestion de la crise. Quels aspects de la réponse ont bien fonctionné ? Quels domaines nécessitent des améliorations ?

3. **Rapport post-crise** : Rédigez un rapport détaillé sur la gestion de la crise, incluant les actions prises, les résultats obtenus et les recommandations pour l'avenir.

Reconstruction de la réputation

1. **Campagnes de réhabilitation** : Lancez des campagnes de communication pour réhabiliter l'image de l'organisation. Mettez en avant des histoires positives et des témoignages qui renforcent la confiance et la crédibilité.

2. **Engagement communautaire** : Renforcez votre engagement avec la communauté par des initiatives de responsabilité sociale, des partenariats et des événements locaux.

3. **Transparence continue** : Maintenez une politique de transparence et de communication ouverte même après la crise. La constance dans la communication honnête aide à regagner la confiance à long terme.

La gestion de crise, en particulier face aux fake news, nécessite une combinaison de réactivité, de coordination interne et de stratégies de réhabilitation post-crise. En suivant les conseils et les stratégies partagés par Judy Smith, les organisations peuvent naviguer efficacement à travers les crises de fake news, limiter les dommages et restaurer leur réputation. La clé est de rester vigilant, transparent et proactif dans toutes les étapes de la gestion de crise, de la détection initiale à la restauration de la confiance.

CHAPITRE 6
SENSIBILISATION ET FORMATION

Pour prévenir les crises futures, la sensibilisation et la formation sont cruciales. Judy Smith explore l'importance de la préparation continue et de la culture de vigilance au sein des organisations.

6.1 Enjeux de la désinformation

Les fake news ont des implications profondes et variées pour les sociétés modernes. Comprendre ces enjeux est essentiel pour développer des stratégies efficaces de prévention et de gestion.

Impact sociétal des fake news

1. **Polarisation sociale** : Les fake news peuvent exacerber les divisions sociales et politiques en diffusant des informations biaisées qui renforcent les préjugés existants.

2. **Défiance envers les institutions** : La propagation de fake news érode la confiance du public dans les institutions, y compris les gouvernements, les médias et les organisations scientifiques.

3. **Sécurité publique** : Des fausses informations peuvent avoir des conséquences graves sur la sécurité publique, comme la diffusion de fausses alertes ou de conseils médicaux erronés.

Responsabilité des entreprises

1. **Promotion de la véracité** : Les entreprises ont la responsabilité de promouvoir la vérité et de lutter contre la désinformation. Cela inclut la vérification rigoureuse des informations avant leur diffusion.

2. **Éducation du public** : En tant qu'acteurs influents, les entreprises doivent sensibiliser le public aux dangers des fake news et aux méthodes pour les identifier.

3. **Engagement envers la transparence** : Adopter des pratiques de transparence dans toutes les communications aide à établir la crédibilité et à contrer la désinformation.

6.2 Formation à la gestion de crise

La formation continue est essentielle pour préparer les équipes à faire face aux crises de fake news. Voici quelques techniques et pratiques pour une formation efficace.

Techniques de simulation

1. **Scénarios réalistes** : Développez des scénarios de crise basés sur des incidents réels ou plausibles pour

tester les réactions de votre équipe. Les simulations doivent refléter la complexité et la rapidité des crises de fake news.

2. **Rétroactions détaillées** : Après chaque simulation, organisez des sessions de débriefing pour discuter de ce qui a bien fonctionné et des domaines à améliorer. Les retours doivent être constructifs et orientés vers l'amélioration continue.

3. **Répétition régulière** : Planifiez des simulations régulières pour maintenir les compétences de gestion de crise à jour. Les crises évoluent, et les équipes doivent être prêtes à s'adapter rapidement.

Exercices pratiques

1. **Ateliers interactifs** : Organisez des ateliers où les participants peuvent pratiquer les techniques de détection et de réponse aux fake news. Incluez des exercices sur la vérification des faits et l'analyse des médias visuels.

2. **Jeux de rôle** : Utilisez des jeux de rôle pour simuler des interactions avec les médias et le public. Cela aide à préparer les porte-paroles et les équipes de communication à répondre de manière efficace et cohérente.

3. **Développement des compétences** : Offrez des formations spécifiques pour développer les

compétences clés, telles que l'analyse critique, la communication de crise et l'utilisation des outils technologiques.

6.3 Sensibilisation continue

La sensibilisation continue est cruciale pour maintenir une culture organisationnelle de vigilance et d'intégrité face à la désinformation.

Stratégies de sensibilisation

1. **Programmes de formation réguliers** : Implémentez des programmes de formation réguliers pour tous les employés, axés sur la détection des fake news et les meilleures pratiques de communication.

2. **Campagnes de sensibilisation** : Lancez des campagnes internes pour rappeler l'importance de la vigilance contre les fake news. Utilisez des affiches, des newsletters et des sessions d'information pour maintenir la sensibilisation élevée.

3. **Ressources éducatives** : Fournissez des ressources éducatives accessibles, comme des guides, des vidéos explicatives et des outils en ligne pour aider les employés à rester informés et vigilants.

Cultiver une culture de vigilance

1. **Encourager le signalement** : Créez un environnement où les employés se sentent encouragés à signaler les fausses informations et les comportements suspects sans crainte de représailles.

2. **Récompenses et reconnaissances** : Reconnaissez et récompensez les employés qui démontrent une vigilance exceptionnelle et qui contribuent activement à la lutte contre la désinformation.

3. **Leadership exemplaire** : Les leaders de l'organisation doivent montrer l'exemple en adoptant et en promouvant des pratiques de transparence et de vérification des faits. Leur engagement influence directement la culture de l'organisation.

Pour prévenir les crises futures, la sensibilisation et la formation sont essentielles. Une organisation bien préparée et informée est capable non seulement de réagir efficacement aux crises de fake news, mais aussi de les prévenir. En instaurant une culture de vigilance et de responsabilité, les entreprises peuvent renforcer leurs défenses contre la désinformation et protéger leur réputation. La préparation continue, les exercices pratiques et l'engagement envers la transparence sont des piliers indispensables pour naviguer dans le paysage complexe de l'information et maintenir la confiance du public.

CHAPITRE 7
CONCLUSION ET PERSPECTIVES

Ce dernier chapitre offre un récapitulatif des compétences acquises et explore les tendances futures dans la lutte contre les fake news.

7.1 Récapitulatif des compétences acquises

Points clés du livre et application pratique des connaissances acquises pour la gestion des fake news.

Compétences essentielles

1. **Détection des fake news** : Techniques et outils pour identifier rapidement les fausses informations.

2. **Vérification des sources** : Méthodes pour authentifier les sources et garantir la fiabilité des informations.

3. **Gestion de crise** : Stratégies pour réagir rapidement et efficacement face à une crise de fake news.

4. **Communication proactive** : Importance d'un plan média et de messages clés cohérents.

5. **Engagement des influenceurs** : Rôle des influenceurs et des ambassadeurs de marque dans la gestion de crise.

6. **Sensibilisation et formation continue** : Importance de la préparation et de la culture de vigilance.

Application pratique

1. **Exercices de simulation** : Mise en pratique des compétences acquises à travers des scénarios de crise.

2. **Développement de plans de crise** : Élaboration de plans détaillés pour répondre aux fake news.

3. **Utilisation des outils de vérification** : Application des outils technologiques pour la vérification des faits et des médias visuels.

4. **Stratégies de communication** : Développement et diffusion de messages clés pour rétablir la vérité.

7.2 Stratégies pour l'avenir

Évolution des méthodes de détection et de gestion des fake news : défis et innovations potentielles.

Tendances émergentes

1. **Intelligence artificielle et machine learning** : Utilisation de technologies avancées pour détecter

automatiquement les fake news et analyser les tendances de désinformation.

2. **Blockchain pour la vérification des informations** : Utilisation de la technologie blockchain pour assurer la traçabilité et l'authenticité des informations.

3. **Partenariats intersectoriels** : Collaboration entre entreprises, gouvernements et ONG pour une lutte plus efficace contre la désinformation.

Défis futurs

1. **Évolution rapide des techniques de désinformation** : Les auteurs de fake news adaptent constamment leurs stratégies. Il est crucial de rester à jour avec les dernières tendances et techniques.

2. **Complexité croissante des fake news** : Les fake news deviennent de plus en plus sophistiquées, rendant leur détection et leur réfutation plus difficiles.

3. **Maintien de la confiance publique** : La défiance croissante envers les institutions et les médias pose un défi continu. Les organisations doivent travailler en permanence pour maintenir et renforcer la confiance.

Innovations potentielles

1. **Développement de nouveaux outils de vérification** : Investir dans la recherche et le développement de

nouveaux outils technologiques pour améliorer la détection des fake news.

2. **Éducation et sensibilisation accrues** : Renforcer les efforts éducatifs pour sensibiliser le public aux dangers des fake news et aux méthodes pour les identifier.

3. **Engagement communautaire** : Encourager la participation active des communautés locales dans la lutte contre la désinformation.

Conclusion générale

La lutte contre les fake news est un défi complexe et en constante évolution. En adoptant une approche proactive et en utilisant les stratégies et compétences présentées dans ce livre, les organisations peuvent se protéger efficacement contre les crises de désinformation et maintenir la confiance de leur public. Judy Smith nous montre que la clé du succès réside dans la préparation, la réactivité et l'engagement à la vérité. Ensemble, en suivant ces principes, nous pouvons déjouer les fake news et protéger notre e-réputation dans un monde de plus en plus complexe et connecté.

Les fake news sont une menace persistante, mais avec une stratégie bien pensée et une mise en œuvre rigoureuse, il est possible de minimiser leur impact. La transparence, l'engagement et la vigilance sont les piliers sur lesquels repose une gestion efficace de la crise. En investissant dans la formation, la technologie et les partenariats, nous pouvons créer un environnement où la vérité prédomine et où les fake news perdent leur pouvoir destructeur.

Perspectives d'avenir

L'avenir de la lutte contre les fake news est prometteur mais nécessite une adaptation constante et une innovation continue.

Voici quelques perspectives pour les années à venir :

1. **Technologies émergentes** : L'intelligence artificielle et le machine learning continueront à jouer un rôle crucial dans la détection des fake news. Le développement de technologies plus sophistiquées permettra une identification plus rapide et plus précise des contenus trompeurs.

2. **Collaboration internationale** : La désinformation est un problème global qui nécessite une réponse internationale. Les gouvernements, les entreprises et les organisations à but non lucratif doivent collaborer au-delà des frontières pour partager des informations, des ressources et des stratégies.

3. **Éthique et réglementation** : L'élaboration de cadres éthiques et réglementaires pour l'utilisation de l'intelligence artificielle et d'autres technologies est essentielle pour garantir que les solutions à la désinformation respectent les droits individuels et la liberté d'expression.

4. **Engagement des citoyens** : Encourager un engagement citoyen actif dans la lutte contre les fake news est crucial. Les programmes d'éducation et de sensibilisation doivent viser à développer une population informée et critique capable de reconnaître et de rejeter les fausses informations.

5. **Adaptabilité organisationnelle** : Les organisations doivent rester flexibles et adaptables, prêtes à réagir aux nouvelles formes de désinformation. Cela nécessite une culture organisationnelle ouverte à l'innovation et à l'apprentissage continu.

Le combat contre les fake news est un effort collectif et multidimensionnel. En adoptant une approche proactive, en renforçant la collaboration et en investissant dans l'éducation et la technologie, nous pouvons construire un futur où la vérité et la confiance sont protégées. Ce livre, offre les outils et les stratégies nécessaires pour naviguer dans ce paysage complexe et pour assurer que la vérité l'emporte sur la désinformation. Ensemble, nous pouvons créer un environnement où la vérité est valorisée et où les fake news perdent leur capacité à nuire.

www.ingramcontent.com/pod-product-compliance
Lightning Source LLC
Chambersburg PA
CBHW030515220526
45464CB00006B/2802